Chao-Hsiu Chen Das buddhistische Buch der Liebe

Chao-Hsiu Chen

愛在佛心

Das buddhistische Buch der Liebe

Mit Pinselzeichnungen
und
Kalligraphien
der Autorin

Gustav Lübbe Verlag

獻給

外子和內人

家父与家母的孩子們

Für
Wei Tse
und Nei Zen,
die Kinder von
Cha Fu
und Cha Mu

Mitgefühl im Herzen Buddhas

愛在佛心

Eine kleine Geschichte über den Weg. Eines Tages ging ich einen staubigen Pfad entlang, von dem ich nicht wußte, wohin er führte. Lange schon war ich gegangen, als ich eine Gebirgskette erreichte. Der Weg wurde bald steiler und lenkte meine Schritte in vielen Windungen auf eine Anhöhe. Weit ging mein Blick übers Land und fiel auf einen Tempel, der sich auf einem Plateau erhob, das von zwei Bächen umflossen wurde. Nicht lange und sie vereinten sich wieder und wurden zum Fluß, der sich seinen Weg hinunter bahnte, in die Ferne hinaus zum Meer.

Der Sonnenuntergang färbte die See golden, und es schien, als würde sie direkt in den Himmel fließen. Die letzten Strahlen fielen auf das Dach des Tempels und hüllten es in einen fast überirdischen Glanz. Ich mußte diesem Glanz folgen. Als ich näher kam, nahm ich die Umrisse des Tempels deutlicher wahr: In seiner Mitte erhob sich die Gebetshalle, die mit vielen Schriftzeichen verziert war, zwei Steintreppen führten bis unters Dach, wo sich ein offener Andachtsraum befand. Davor hingen an gewaltigen Holzsäulen ein riesiger Gong sowie eine mächtige Trommel.

8

Mitgefühl im Herzen Buddhas

Ehrfurchtsvoll trat ich an den Eingang heran, und meine Schritte lenkten mich ohne Umwege zur Gebetshalle, in der sich einige schwarzgekleidete Mönche aufhielten. Es war die Stunde des Abendgebets. Ich beobachtete, wie sich die Mönche in einer Reihe aufstellten, die Hände vor dem Gesicht falteten, sich dann niederknieten und mit der Stirne den Boden berührten. Dabei wandten sie die Handflächen nach außen, um auf diese Weise dem Buddha ihr Herz zu schenken. Diese Zeremonie wiederholten sie drei Male. Danach umschritten sie im Kreis wieder und wieder den Innenraum der Gebetshalle, die sich mehr und mehr mit den Gesängen der Mönche zu füllen schien. Es war eine schwebende Musik, die klang, als käme sie aus einer anderen Welt.

Da erschien der Vorsteher des Klosters, trat in die Mitte des Raumes und sprach: »Ihr Gutherzigen und Wißbegierigen! Ihr seid hierher gekommen, um zu lernen, wie man zur anderen Seite gelangt. Dies gelingt allein, wenn man das große Fühlen in sich trägt. Großes Fühlen ist rechtes Fühlen. Rechtes Fühlen bedarf großer Weisheit. Weisheit erreicht man nicht durch vieles Beten, sondern nur durch Taten, die man mit rechtem Herzen ausführt. Gebete, die allein den Lippen entweichen, gleichen dem Tau des Morgens oder den Blitzen des Abends. Beides vergeht nach kurzem Augenblick. Gebete aber, die vom Herzen stammen und sich mit den Worten aus dem Mund vereinen, zeigen den Urgrund des großen Fühlens auf, das Fundament der Buddhaschaft. Das große Fühlen ist unermeßlich. Es kennt keine Grenze, keine Form, keine Farbe, keine Freude, keinen Zorn, keine Echtheit, keine Falschheit, kein Gutes, kein Böses, keinen Anfang und kein Ende. So ist die andere Seite. Wenn man zu ihr gelangen will, muß man werden wie das große Fühlen.«

Nachdem ich diese Worte des Meisters vernommen hatte, trat ich an ihn heran. Da fragte er: »Woher kommst Du? Und was möchtest Du hier?« »Ich komme, woher ich komme«, antwortete ich, »und ich bin auf der Suche nach dem großen Fühlen.« Der Meister wandte sich wortlos ab und begab sich zu den Mönchen.

Es wurde Nacht, es wurde Tag.

Mit dem jungen Morgen gingen einige der Mönche in die Küche, andere holten Wasser vom Brunnen,

愛在佛心

wieder andere begannen, im Vorhof Holz zu spalten. Einige schickten sich an, den Boden der Gebetshalle zu putzen, und andere kümmerten sich um den Gemüsegarten. Keiner von ihnen beachtete mich, weshalb ich mich dazu entschloß, überall dort hilfreich zu sein, wo es nötig war. Es sollte nicht lange dauern, und man lud mich ein, im Kloster zu bleiben – solange ich wollte. Ich nahm dankend an und ergriff dabei die Gelegenheit, täglich die Treppen, die zum Dach des Tempels führten, mit einem Bambusbesen zu kehren. Im Laufe der Zeit wurde diese Arbeit zu meiner Meditation. Denn je öfter ich die Treppen fegte, desto mehr befreite sich mein Herz von dem Staub, der sich seit meiner Jugend dort angesammelt hatte. Eine weitere Arbeitsmeditation bestand darin, jeden Tag die Blumen vor den Buddha-Statuen in der Gebetshalle zu arrangieren. Während ich einmal damit beschäftigt war, Lotosblumen vor Kuan-Yin, den weiblichen Buddha des Mitgefühls, zu stellen, erschien der Meister und sprach zu mir: »Du bist vortrefflich; aber Du warst es schon in Deinem letzten Leben, und Du wirst es auch in Deinem nächsten sein. Nur wer den inneren Glanz findet, wird im großen Fühlen leben können.«

II

12

Mitgefühl im Herzen Buddhas

An einem anderen Tag wollte ich wie gewohnt meine Kehrarbeit aufnehmen. Ich stieg eine der Treppen empor und sah den Meister im Andachtsraum meditieren. Ich dachte, er würde mich nicht wahrnehmen, doch plötzlich vernahm ich seine Stimme: »Hast Du heute keine Stunde der Unterweisung?« »Warum fragst Du dies, Meister«, erwiderte ich. »Weißt Du nicht, daß ich zu jeder Zeit und an jedem Ort Unterweisung erfahre?« Da winkte mich der Meister zu sich heran und sprach: »Komm zu mir, denn ich möchte mit Dir über das Mitgefühl reden.« Ich setzte mich also zu ihm und lauschte seinen Worten: »Wer das rechte Fühlen kennt, vermag alle Wesen zu verstehen. Denn die Gefühle aller Wesen leben schon in Deinem Gefühl. Siehst Du Menschen gute oder schlechte Taten ausführen, so sollten weder die guten noch die schlechten Dich berühren. Wenn Dein Herz die Leere kennt, kennt es auch die Fülle. Die Leere ist das große Fühlen. Das große Fühlen ist Liebe. Die Fülle ist das große Fühlen. Das große Fühlen ist Mitgefühl. Es ist überall. Wenn Du es lebst, nimmt es Gestalt an und wird sichtbar. Damit erreichst Du jedes Wesen. Alle Wesen sind eins. Eins sind alle Wesen. Das

愛在佛心

Mitgefühl ist frei. Es ist in Deinem ganzen Sein. Es stammt aus Dir selbst und tritt nicht von außen auf Dich zu, auch wenn es überall ist. Es ist überall, weil Du überall bist. Das Mitgefühl ist sichtbar, aber es hat keine bestimmte Form. Und doch sieht es wie die Liebe aus, weil es die Liebe ist.« Nach diesen Worten überlegte ich eine Weile und sagte: »Du meinst also, es verhält sich wie mit den Wogen des Meeres? Man sieht immer andere Wellen, und doch bleibt es dasselbe Meer?« »Das Mitgefühl ist wie der Staub, den Du täglich von der Treppe kehrst«, antwortete der Meister. »Nach Deiner Arbeit meinst Du, er sei fort, doch am nächsten Morgen ist er wieder da. So ist die Liebe: Auch wenn Du sie nicht siehst, ist sie hier. Das Mitgefühl lebt im Herzen Buddhas. Buddha ist Erwachen. Erwachen in die Liebe. Alle Lebewesen bedürfen ihrer, um das Leid zu überwinden und an die andere Seite zu gelangen.«

Es war ein Morgen, an dem ich den Tempel verließ. Diesmal waren es die Strahlen der aufgehenden Sonne, die das Dach des Klosters golden färbten. Ich trat auf den Weg hinaus, der mich hierher gebracht hatte. Nun wußte ich, wohin er mich führen würde ...

14

Mitgefühl

慈悲

16

Mitgefühl

萬物因情生，
情存萬物存。
有情即解痛，
無情即不痛。
解痛即解动，
不痛即不动。

Es gibt alles.
Und alles, was es gibt,
Ist Gefühl.
Gefühl verursacht Leiden.
Gleichwohl wohnen
Leid und Liebe
Nicht beisammen.

慈悲

Mitgefühl

感情而不用情，
乃智者之行。
但感情而不用情至難，
簡以言之
慈悲而已。

慈悲

Fühlen ohne Gefühl
Ist der Weg,
Den der Weise geht.
Doch Gefühl ohne Fühlen
Ist nicht möglich.
Darum fühle ohne Gefühl,
Und achte auf Dein rechtes Handeln,
Das Mitgefühl heißt.

慈悲乃感情而不用情，
萬物皆衍生於此情，
故萬物本為一体；
樹与水一体，
水与石一体，
石与心一体，
心与天一体，
天与沙塵一体。

Mitgefühl ist Fühlen ohne Gefühl.
Alles, was lebt, wird aus ihm
Geboren.
Deshalb ist alles gleich.
Der Baum dem Wasser.
Das Wasser dem Stein.
Der Stein Deinem Herzen.
Dein Herz dem Himmel.
Der Himmel dem Staub.

慈悲

22

Liebe

愛

現在与將来一体，
將来与过去一体，
此為自然之道。
天堂与地獄既不在下世亦
不在上世中，
因下世与上世其實一体，
如現在与过去一体。

愛

Das Leben gleicht dem Künftigen.
Und dieses dem Vergangenen.
Das ist das Gesetz.
Himmel und Hölle gibt es
Weder in der Zukunft
Noch in der Vergangenheit.
Denn das Künftige ist der Gegenwart gleich.
Und so ist das Vergangene.

人道與畜牲道一体，
畜牲道與植物道一体。
誰人仍辨此諸道之不同者
仍住身於感情中，
尚未見眞情也。

愛

Das Leben der Menschen gleicht dem der Tiere.
Das der Tiere dem der Pflanzen.
Das der Pflanzen dem des Steins.
Wer hier Unterschiede macht,
Lebt im Gefühl
Und hat noch nicht erkannt zu fühlen.

視他人之親如己親，
視他人之子如己出。
不独親其親，
不独子其子。
則我視青山多嫵媚
料青山視我應如是。
至此可稱愛為愛矣。

愛

Andere Eltern sind den eigenen gleich.
Andere Kinder gleichen den eigenen.
Fühle für andere Kinder wie für die eigenen,
Und fühle ebenso für ihre Eltern.
Denn so, wie Du die Berge bestaunst,
Bestaunen sie Dich.
Jetzt kannst Du Liebe Liebe nennen.

30

Freude

樂

当愛可以愛称之，
則愛无愛一体。
則不視恨、
不視悪、
不視得失之不同，
无畏亦无苦、
汝身非汝身、
汝心非汝心、
萬物為萬物而已。

樂

Wenn Du Liebe Liebe nennen kannst,
Gibt es keine Unterschiede mehr.
Dann kennst Du keinen Haß, keinen
Widerwillen und keinen Verlust.
Du weißt nicht, was Angst ist und was Schmerz.
Dein Körper ist nicht Dein Körper.
Dein Herz ist nicht Dein Herz.
Alles ist in allem.

34

Freude

勿以汝心愛所愛者，
勿以汝身愛所愛者，
則爭執不生，
爭執不生則痛苦不生，
痛苦不生則愛唯愛矣。

樂

Begehrst Du also, den zu lieben, den Du
Lieben möchtest, dann liebst Du ihn
Mit einem Herzen, das nicht das Deine ist.
Und mit einem Körper, der nicht zu Dir gehört.
Ein Streit führt zu nichts.
Und weil der Streit nicht zur Liebe gehört,
Gehört auch der Schmerz nicht zu ihr.

当苦不生，
難道樂生？
智者云：
「苦由心生，
唯心不生則苦不生。
樂亦由心生，
唯心中不以樂為樂
方識樂為樂。
故当心中樂不生
苦亦不生。
則今天好！
明天好！
後天亦好」！

樂

Wenn der Schmerz nicht zur Liebe gehört,
Ist ihr dann Freude zu eigen?
Der Weise sagt: Schmerz betrifft Dein
Innerstes. Und Du besiegst ihn nur,
wenn Du Dich vergißt. Wahre Freude triffst
Du dann, wenn Du die Freude, die Dein
Innerstes entzückt, vergessen hast.
Deshalb: Wenn Du Dich nicht von Schmerz
Und nicht von Freude leiten läßt, dann
Schmerzt der Schmerz nicht mehr, und Du
Kannst die Freude still genießen.
Das Heute ist schön.
Das Morgen ist schön.
Das Übermorgen ist schön.

38

Anmut

韻

昭寿
有不为斋

花盛開之樹故美，
但花開非為娛人之耳目也。
葉落之樹亦美，
它令人瞻仰藍天。
壯年美、
老年亦美；
因壯年使人看見
將走去之路，
老年使人看見
方走來之路，
此路為彼路，
並非為人之選擇而
稍有不同。

韻

Ein Baum, der blüht, ist schön und
Erfreut den Menschen, ohne es zu wollen.
Ohne Blätter ist der Baum genauso schön.
Er läßt Dich den Himmel sehen, ohne es zu wollen.
Ein Mensch, der blüht, ist schön.
Ein Mensch, der welkt, ist's ebenso.
Der eine zeigt Dir, wohin Du gehst.
Der andere, woher Du kommst.
Der Weg ist der Weg, ohne es zu wollen.

比美更美者為韻、
但韻不可視、
唯自身有者可辨之，
兩韻相逢
則如琴瑟之合鳴、
其声繞樑
終日不絶於耳。

韻

Schöner als die Schönheit ist die Anmut.
Sie läßt sich aber nur erkennen,
Wenn man sie in sich trägt.
Begegnen einander zwei Menschen voller Anmut,
Gleichen sie den Saiten eines Instruments,
Das einen wunderbaren Klang erzeugt.
Dieser Klang verweilt
Und läßt einen jeden
Alles um ihn herum vergessen.

謊言如雄雄吐火之龍，
此火將吞噬一切。
說謊之藝術
並非不說謊，
不說謊並非什麼都說。
實言如海中沈睡之大龍，
波平而浪靜。
說實話之藝術
在於何時說之。
故相信你所愛者、
相信他所說的、
而不要去追究
他所沒有說的。

韻

Die Lüge ist ein Drache, der Feuer speit,
Das alles verbrennt, was ihm im Wege steht.
Die Kunst zu lügen besteht im Nicht-Lügen.
Nicht zu lügen heißt nicht, alles zu sagen.
Die Wahrheit bringt der Welt den Glanz.
Sie gleicht dem stillen Meer, das
Den Drachen schlafen läßt.
Die Kunst, die Wahrheit zu sagen,
Liegt im rechten Augenblick.
Vertrau Dich dem an, den Du liebst.
Glaube, was gesagt wird.
Aber frage nicht nach dem, was nicht gesagt wurde.

46

Respektvolle Liebe

愛敬

愛是熱感，
敬是距離。
唯熱感與距離並存，
方能待所愛者如待客。
待客當如獨處，
獨處當如待客。

Respektvolle Liebe

愛是熱感，
敬是距離。
唯熱感与距離並存，
方能待所愛者如待客。
待客当如独处，
独处当如待客。

愛敬

Liebe ist Wärme.
Achtung ist Weite.
Wärme und Weite sollen gleich gewichtig sein.
So wirst Du den Liebsten
Wie einen Gast empfangen können.
Empfange ihn, als wärest Du allein.
Und bleibe allein, als würdest Du ihn
Empfangen.

「少欲知足」並不等於「絶欲」

譬如弾琴：

「当琴的絃太鬆時

弾得出声音嗎？」

「不能。」

「如果琴的絃調得太緊呢？」

「琴絃会斷了。」

「如果琴絃調得恰到好处呢？」

「那就可以奏出

各种美妙的音樂了。」

愛敬

Zufriedenheit bedeutet nicht,
Die Sehnsucht aufzugeben.
Wer kann der Zither Melodien entlocken,
Wenn ihre Saiten
Nicht gespannt?
Und was mag geschehen,
Wenn die Saiten überzogen?
Nur das gestimmte Instrument
Läßt ein schönes Lied ertönen.

眞正的悲哀不在於
他们得不到什麼，
而在於
他们究竟得到了什麼。

Trauer der Seele,
Wenn man das Gewünschte nicht erhält.
Trauer der Seele,
Wenn man nicht bemerkt,
Was man schon hat.

愛
敬

54

Hoffnung

希望

56

Hoffnung

希望
像沙漠裡的种子。

Die Hoffnung ist ein
Samenkorn
Mitten in der Wüste.

希望

眼淚是至情的反應；
弱者会流淚，
強者也会流淚。
所不同者唯：
弱者在淚水中冥想，
強者在淚水中成長，
但至情則永久不变。

希望

Tränen entstammen
Dem großen Fühlen.
Der Schwache weint.
Der Starke weint.
Der Starke wächst im Tränenfluß.
Der Schwache sinkt ins Tränenmeer.
Das große Fühlen bleibt das große Fühlen.

在愛情中
沒有突變，
你所看到的突變
只是積了很久的平常。

希望

Ein rascher Wandel
In der Liebe
Stammt nicht aus einem
Augenblick.
Dieser Augenblick
Ist die Summe
Vieler Augenblicke.

62

Ewigkeit

始終

風滿懷
情滿襟
望穿風雨故人来
千种情懷盡在無言中

每一片葉子
都為了
領認及擁抱
它來年的影子
而飄落。

Ein Blatt fällt.
Es umarmt
Seine Zukunft.

始
終

愛情無終亦無起，
故終無不存在、
起無亦不存在、
唯愛存在。
愛情之淨相唯慈悲，
慈悲即愛情。

In der Liebe
Wandelt sich Ende in Beginn.
Deshalb gibt es keinen Anfang.
Deshalb gibt es auch kein Ende.
Es gibt nur Liebe.
In der Liebe wandelt
Ende sich in Mitgefühl.
Mitgefühl ist deshalb Liebe.

始終

平凡中
見眞情。

Liebe
Lebt
Im Üblichen.

始終

70

Begierde und Güte

冷情熱心

在愛情中，
当一名修行者：
冷情而熱心。
在婚姻中，
做一個讀書人：
劍膽而情心。

冷情熱心

Wer in der Liebe lebt,
Sollte den Mönchen gleichen.
Das Verlangen ist zu kühlen, und
Das Herz ist zu erwärmen.
Wer in der Ehe lebt,
Sollte den Novizen gleichen.
Der Mut ist zu entfachen, und
Das Herz soll lodern.

男人与女人是
樹与草。
天滋潤著他們，
他們滋潤著地。

Mann und Frau
Sind
Baum und Gras.
Der Himmel nährt sie.
Sie aber nähren die Erde.

冷情熱心

76

Begierde und Güte

教好一個男孩子，
是教好一個人。
教好一個女孩子，
是教好一個家。

Einen Knaben erziehen
Heißt, einen Menschen zu formen.
Ein Mädchen erziehen
Heißt, eine neue Familie zu gründen.

冷情熱心

Besitzlosigkeit

無得

人不能佔有愛情、
但在愛戀中之男女
誰不想佔有之。
故智者云：
「無得才是眞得。
又如何才是無得？
以他之眼去看他，
以他之舌去與他交談，
以他之心去感受他，
但以你的手去牽著他的手。」

In der Liebe läßt sich nichts besitzen.
Und dennoch besitzen Menschen einander.
Daher ist es weise
Zu besitzen, ohne zu besitzen.
Doch wie erreicht man dies?
Blicke den Liebsten mit seinen Augen an.
Sprich mit seiner Zunge.
Denk mit seinem Herzen.
Aber halte seine Hand mit Deiner.

「有心插花花不開，無心栽柳柳成蔭。」是婚姻生活最佳的寫照。

Wenn Du eine Blume pflanzst,
Und sie trägt keine Blüte,
Sei nicht enttäuscht.
Betrachte die Weide, die niemand setzte,
Die von alleine Wurzeln schlug und wuchs.
Laß Dich in ihrem Schatten nieder
Und bedenke, daß die Liebe wie die Weide ist.

当思想勝过感官，
精神勝过思想，
則靈肉可以合一矣。

Wenn das Denken
Den Körper überwindet
Und der Geist dasselbe
Mit dem Denken macht,
Dann ist die Körperseele
Gleich gewichtet.

86

Eins-Sein mit der Natur

还以自然

88

Eins-Sein mit der Natur

善妬者如飛螢之撲火；
引火自焚者、
於事又有何補益之？

Der Eifersüchtige wirft sich in jenes Feuer,
Das er selbst entzündet hat.
Und wenn es ihn verzehrt,
Wie kann er triumphieren?

还以自然

Eins-Sein
mit der Natur

过仁則弱。
过義則固。
过礼則奉承。
过智則誆語。
过信則損益。
追求自由，
取中庸之道，
摒除自我，
還以自然，
則可享愛情
而無所拘礙矣。

还以自然

Zu große Freundlichkeit verursacht Schwäche,
Zu große Ordnung Sprödigkeit,
Zu große Hoffart Schmeichelei,
Zu große Klugheit bewirkt Verklärung,
Zu großes Zutrauen schafft Verlust.
Gut ist es,
Die Freiheit zu suchen.
Gut ist es,
Den Weg der Mitte zu wählen.
Gut ist es,
Sich selber zu vergessen.
Gut ist es,
Mit der Natur sich zu vermählen.
Dann wird man frei, im Einklang mit der Liebe zu schweben.

当先生和太太
意見不一致時，
先生聽太太的。
当先生和太太
意見一致時，
太太聽先生的。

Wenn es zwischen Mann und Frau
Zwei Meinungen gibt,
Dann folge der Mann
Den Worten der Frau.
Sind Mann und Frau
Derselben Ansicht,
Dann vertraue die Frau
Allein dem Mann.

还以自然

94

Reifen

成熟

最大的幸福
乃在追求幸福的过程中。
最大的悲哀
乃在尋求不到幸福。

成熟

Das größte Glück
Besteht darin,
Nach ihm zu suchen.
Das größte Leid
Besteht darin,
Das Glück nicht zu finden.

懂得愛的人
必懂得眼淚，
懂得眼淚的人
必懂得露水，
懂得在露水中成長的
在慈悲中成熟。

成熟

Wer die Liebe versteht,
Versteht die Tränen.
Wer die Tränen kennt,
Kennt den Tau.
Wer im Tau des Morgens erblüht,
Reift im großen Fühlen.

在愛情中害羞的人
說不是即是，
說是即不是，
是與不是之微妙
如人飲水
冷暖自知。

成熟

Wer in der Liebe scheu ist,
Sagt »nein«
Und meint »ja«,
Meint »nein«
Und sagt »ja«.
Hierin verbirgt sich Anmut.
Doch was bedeuten »ja« und »nein«?
Wie Wasser schmeckt,
Kann man nur selbst entscheiden.

*Einheit
der Gegensätze*

兩情相悅

花開花落總是春
開時休羨落休嘆

Einheit der Gegensätze

雨情相悦是最自然的。
当靈肉尚未合一時，
誏自己如魚兒在水中悠游，
不要左右魚兒游泳的方向，
則雲聚雨自来。

两情相悦

Wenn zwei Menschen
Einander anziehen,
Ist das die Weise der Natur.
Wenn ihre Körperseelen dennoch
Nicht verschmelzen können,
Ist es weise,
Es den Fischen gleichzutun –
Sie schwimmen frei im Wasser,
Ohne Richtung auf ein Ziel zu nehmen.
Auch der Himmel ist weise.
Er regnet nur,
Wenn es genügend Wolken gibt.

婚後才培養起來的愛情
有時更能持久。
一見鍾情
卻也可以終生享用不盡。

Oftmals mag die Liebe,
Die nach der Hochzeit zum Erblühen
Kommt, von langer Dauer sein.
Doch manches Mal
Kann schon der erste Blick
Ein Leben währen.

雨情相悦

108

Einheit der Gegensätze

友誼如愛情；
君子之交
淡如流水。
鸞鳳之愛
深如洋海。
如水如洋
淵遠流長。

雨情相悦

Man kann in der Liebe ertrinken
Und auch in der Freundschaft.
Wer in der Freundschaft aufgeht,
Gleicht dem endlosen Fluß.
Wer in der Liebe aufgeht,
Gleicht der tiefen See.

最美

「一日不見，如隔三秋。」
一日如三秋，
三秋如一日。
分離每可悲，
相聚每可喜，
悲喜非愛情。
愛情非吾身，
愛情非汝身，
愛情非凡身，
愛情即佛形。

最美

Wenn Liebende einander vermissen,
Dann ist für sie ein Tag ein Jahr.
Deshalb der Weise:
Ein Tag ist ein Jahr.
Ein Jahr ist ein Tag.
Trennung bedeutet nicht Trauer.
Begegnung bedeutet nicht Glück.
Trauer und Glück bedeuten nicht Liebe.
Liebe heißt nicht »Ich«.
Liebe heißt nicht »Du«.
Liebe heißt nicht »Wir«.
Liebe heißt erwachen.

人在失惡中
則想逃至遠方
以求忘卻痛苦，
但是心安理得無法
在山中或海邊拾得；
因它就在你心田，
不必遠行，
自可獲得。

最美

Wer seinen Liebsten verloren hat,
Möchte fliehen
An das Ende der Welt,
Um den Schmerz zu vergessen
Und der Seele Ruhe zu schenken.
Der Friede aber läßt sich nicht finden
In den großen Bergen,
Auf der weiten See,
Im Lärm der Stadt,
In der Ruhe der Wiesen.
Er weilt bereits in Deinem Herzen.

回憶不等於过去；
因為
一個人可以選擇回憶，
卻無法選擇过去。
讓过去成為
最美丽的回憶。

Man kann das eine wählen,
Doch nicht das andere.
Laß darum dieses andere
Zum schönsten einen werden.

最美

無我執

樂莫樂兮生相知。
悲莫悲兮生別離。
樂莫樂兮花開時。
悲莫悲兮花落時。
花開花落本同時。

Größte Freude,
Wenn einer Dein Herz versteht.
Größte Trauer,
Wenn er Dein Leben verläßt.
Größte Freude,
Wenn eine Blume blüht.
Größte Trauer,
Wenn sie verdorrt.
Ob Blühen oder Verdorren –
Der Ursprung bleibt der gleiche.

無我執

人在熱戀中，
總想與愛人朝夕相処，
但是愛情之增進不在寸間。
唯有心中無貪念、無我執、
方能化愛情為寸間。

Die Liebe wird nicht stärker,
Wenn Liebende sich stets umarmen.
Sie wird nur schöner,
Wenn sie sich von selbst veredelt.

在愛情之殿前屈膝
但不必歌詠謙虛。

Sei dem Liebsten gegenüber
Stets bescheiden.
Aber protze nicht mit der
Bescheidenheit.

无我執

126

Entzücken

老年人的智慧
不在於登上山巔
而在於攀爬的經驗。

Die Wonne des großen Fühlens im Alter
Besteht nicht im Besteigen der Gipfel.
Sie liegt im Verstehen der Berge.

趣

年輕人的樂趣如放鳶，
老年人的樂趣如鳶。
一個迎風展翅，
一個隨風徜徉。

趣

Jugendliches Entzücken
Gilt dem Drachen, der am Himmel
Seine Kreise zieht.
Entzücken des Alters
Gilt dem, der den Drachen
Steigen läßt.
Jugend will den Wind bezwingen.
Alter läßt den Wind den Drachen tragen.

一年之計莫如植穀。
十年之計莫如植樹。
終身之計莫如植人。
植人之計莫如愛人。

趣

Um ein Feld zu bestellen,
Bedarf es des Planes
Für ein Jahr.
Um einen Baum wachsen zu lassen,
Bedarf es zehnjähriger
Geduld.
Um ein Kind zu erziehen,
Bedarf es des Planes
Eines ganzen Lebens.
Um mit dem Liebsten eins zu werden,
Bedarf es eines Planes,
Der länger als das Leben dauert.
Jeder Plan wird aber nur dann
Verwirklicht,
Wenn er voller Liebe ist.

134

Lächeln

笑

天下有兩難；
登天難、求人更難。
地上有兩苦；
貧窮苦、病死更苦。
世間有兩險；
江湖險、人心更險。
人世有兩薄；
春冰薄、人情更薄。
知其難、
忍其苦、
測其險、
耐其薄、
可处愛情矣。

笑

Unter dem großen Himmel
Weilen zwei Bedrängnisse:
Das Unvermögen, den Weg zum Firmament zu finden,
Und die Scham, ein Bittsteller zu sein.
Auf der großen Erde
Weilen zwei Schmerzen:
Arm zu sein
Und dahinzusiechen.
In der großen Welt
Weilen zwei Gefahren:
Das Zusammensein der Menschen
Und die Unzulänglichkeit des Wesens.
In der Menschen kleiner Welt
Weilt Zerbrechliches
Frühlingseis auf jedem See
Und die Liebe.
Wer erkennt,
Was unter großem Himmel,
Auf großer Erde,
In großer und in kleiner Welt geschieht,
Erkennt,
Daß Fühlen ohne Gefühl
Liebe ist.

Lächeln

此事愕嚴嘗露布，
梅山雪月交光处。
一笑寥寥空萬古，
風甌語，
迥然銀漢橫天宇。

笑

Tau des Mitgefühls
Hüllt die ganze Erde ein.
Wärme des Herzens
Schmilzt den Schnee.
Wenn Du über alle Zeit hinweg
Mit Deiner Seele lächeln kannst,
Trägt der Wind
Dein Mitgefühl
Selbst den Tauben zu.

蝶夢南華方栩栩，
珽珽誰跨豐干虎。
而今忘卻來時路，
江山暮、
天涯目送飛鴻去。

Im Mitgefühl sind Traum und Leben eins.
Der Ursprung ist vergessen und das Ziel.
Der Vogel zieht die Kreise über stillem Wasser.
Das Meer zieht seinen Kreis um stillen Fels.

笑

Selbstverständlichkeit

平凡

曾經我的喚，
充滿你的名，
千百年後、我也無怨。
曾經你的眼，
充滿我的淚，
千百年後、我也無悔。
鍾情如此、
率性如此、
今天如此、
千百年後的今天亦如此。

平凡

Einmal den Namen des Liebsten gerufen,
Wird man es nie bedauern.
Einmal die Tränen des Liebsten geweint,
Wird man es nie bereuen.
Dies ist Reinheit.
Dies ist Tiefe.
Dies ist Heute.
Dies ist Immer.
Dies ist immer für heute.

以平凡人的眼看他，
以平凡人的耳聽他，
諒他成為平凡人。

平凡

Blicke den Liebsten
Selbstverständlich an.
Höre dem Liebsten
Selbstverständlich zu.
Lasse den Liebsten
Selbstverständlich werden.

幸福從未沈睡，
它永遠等待著甦醒。

Das Glück schläft nie.
Und trotzdem wartet es darauf,
Erweckt zu werden.

平凡

150

Selbstüberbietung

超越自我

責任即
任自己督責自己。

Was bedeutet Pflicht?
Pflicht bedeutet Freiwilligkeit.

超越自我

154

Selbstüberbietung

自由在愛情中即
悲天憫人的胸懷。
悲天憫人的胸懷即
超越自我的力量。

Was bedeutet Freiheit in der Liebe?
Großmut.
Was bedeutet Großmut?
Die Kraft, über sich selbst hinauszuwachsen.

超越自我

愛情如籠中之鳥，
唯有不上鎖的籠子
才留得住牠。

超越自我

Liebe gleicht dem Vogel im Käfig ohne Schloß.
Nur weil die Türe offensteht,
Wird er nicht entfliehen.

Ehe

婚
姻

婚姻中男女總是
不斷表現出
相對與互補的力量，
唯有兩者平衡時、
婚姻才有樂趣可言。

Ehe lebt aus Harmonie und Widerspruch.
Nur wenn diese beiden
Ausgewogen sind,
Ist die Ehe glücklich.

婚姻

丈夫需要太太適時的忠告、以免失去飛行的方向。
太太需要丈夫適時的扶持、以免失去飛行的勇氣。

Der Mann bedarf des Rats der Frau,
Um nicht davonzufliegen.
Die Frau bedarf des Mannes Halt,
Um die Wolken von oben zu bestaunen.

婚
姻

愛情需要小心翼翼地扶持；
因為今天不會知道明天。

Auf die Liebe
Achte sorgsam.
Du weißt nicht,
Was morgen ist.

婚
姻

166

Beharrlichkeit

Beharrlichkeit

正信令人睦。
正見令人勇。
正行令人成。
正言令人智。
正心令人慈。

不断

Rechtes Verstehen
Hält Menschen zusammen.
Rechtes Denken
Schafft Zuversicht.
Rechtes Handeln
Birgt Erfolg.
Rechte Rede
Vollendet Verständnis.
Rechtes Fühlen
Verwirklicht Liebe.

慈悲
是愛情的代價、
是一種
不斷地嘗試與努力。

不断

Liebe flieht.
Sinnvoll ist es darum,
Beharrlich zu sein.
Das große Fühlen bleibt.
Sinnvoll ist es darum,
Beharrlich zu sein.

到底是：
夜鶯為愛情而唱？
或是：
愛情使人聽見夜鶯的歌唱？

Singt die Nachtigall ihre Lieder
Für die Liebenden?
Oder hören Liebende
Ihre Stimme nur,
Weil sie lieben?

不断

原諒

愛恋中的人
不論做甚麼
傷害了对方
都不会被忘記、
但是他們仍然在一起、
並不是因為他們
忘了彼此的傷痕，
而是他們
原諒了彼此的过失。

Auch wenn Liebende
Einander verletzen,
Bleibt die Liebe bestehen.
Nicht, weil sie des anderen Versagen vergessen –
Weil sie einander verzeihen.

原諒

水乃循環之道，
風乃循環之道，
愛乃循環之道，
起奌乃循環之道，
終奌乃循環之道，
又有誰可以停止循環之道？

原諒

Wasser ist Kreis.
Wind ist Kreis.
Liebe ist Kreis.
Anfang ist Kreis.
Ende ist Kreis.
Wer könnte eine Grenze setzen?

今生慈悲心，
未毋観音面。

Je liebender die Seele
In diesem Leben ist,
Um so schöner wird
Das kommende.

原諒

代價

花有愛
愛花的人更有愛
時時澆水
勤加灌溉
它也需要你
小心的愛護

時代是一個大篩子；
不互相扶持的
很快就会被篩下去。

Wenn man niemanden umarmt,
Fällt man durch das Sieb der Zeit.

代價

186

Wertgefühl

愛不是沒有代價，
它的代價是：
不斷的求被愛的
提昇與完美。

代價

Liebende gewinnen.
Ihr Preis aber wächst.

独居故可喜，
同居更无碍。
无喜亦无碍，
自由又自在。

Unabhängigkeit schafft Glück.
Verbundenheit bringt Erfüllung.
Erfüllung schafft Freiheit.
Glück bringt Freiheit.

代價

悲天憫人

通行万物者謂之道，
貫徹天地者謂之德，
道德乃天地之心。

Atem ist Leben.
Das große Fühlen verbindet Erde und Himmel.
Wenn der Atem auf das Fühlen trifft,
Wird Liebe geboren.

悲天憫人

把一日当一生来經營
愛情方可持久。

Die Liebe bleibt,
Wenn ein Tag in Deinem Leben
Deinem ganzen Leben gleicht.

悲天憫人

悲天憫人的胸懷才是
最美的心。
「愛情」只是暫時之名，
「慈悲」才是佛形。

悲天憫人

Das beste Herz
Fühlt mit allem.
Allein dieses Herz
Vermag den Haß zu bannen.
Liebe ist nur ein Name, der vergeht
Für dieses Herz,
Das mit allem fühlt.

198

Liebestiefe

真情

人若長住於一地，
友伴不久生厭煩。
親朋接觸過親密，
各种是非自然生。
應酬交談乱禅定，
詆詬友朋瞋恨生。
君子之交淡如水，
浮雲深处寄萍蹤。
眞情当如君子交，
清如流水涓細流。

真情

Bleib nie zu lange
Bei den Freunden.
Bleib nie zu lange
Bei Dir selbst.
Such den Schutz des
Einsamseins,
Daß Deine Rede
Klar und kraftvoll wird.
Erst dann wirst Du
Vollendet
Zum Herz des Liebsten
Sprechen können.

天地間的一切都很尊貴、
不是它妨害了我們
就視之為邪惡。

Wenn Du mit den Lebewesen fühlst
Und ihren Schmerz verstehst,
Verstehst Du die Tiefe der Liebe.
Wenn Du in die Tiefe gehst,
Läßt Du sie ihren Schmerz vergessen.

真情

視而不用眼，

言而不用嘴，

聽而不用耳，

無見自然見法身，

無作所欲自然成。

Ohne Augen sehen,
Ohne Lippen sprechen,
Ohne Herz fühlen,
Ohne Last erreichst Du Dein Ziel.

真
情

206

Fruchtbringen

果實

萬物與萬物皆同、
故所以悲憫者為萬物。

Alles steht mit allem in Verbindung.
Der Rücksicht bedarf daher alles.

果實

太陽有陰晦的時候，
道德力量有消沈的時候，
愛情也有不被感受的時候，
但是陰漫和黑夜
無損太陽的光和熱。

Das Gesetz sagt:
Manches Mal sieht man die Sonne nicht,
Manchmal ist die Sitte ohne Kraft,
Manchmal ist die Liebe nicht zu spüren.
Aber niemals kann die Nacht den Tag besiegen.

果實

Fruchtbringen

人道是含苞的花、
愛情是盛開的花、
慈悲是它的果實。

Demut ist Knospe.
Liebe ist Blüte.
Mitgefühl ist Frucht.

果實

Gefühlseinheit

染情一体

視畜牲道為己道；
以其声為己声、
以其身為己身、
以其心為己心，
則不須聞其声
即不忍食其肉。

Achte die Tiere.
Ahme ihre Stimme nach.
Merkst Du, daß sie wie die Deine klingt?
Achte die Tiere.
Ahme ihr Gehen nach.
Merkst Du, daß es wie das Deine ist?
Achte die Tiere.
Ahme ihre Seele nach.
Merkst Du jetzt, daß sie zu Dir gehört?

染情一体

Gefühlseinheit

視喜、怒、哀、樂、
愛、惡、欲為一体，
則無愛亦無惡、
無貪亦無痴、
無苦亦無癲。

柒情一体

Die Sieben Gefühle sind:
Glück,
Ärger,
Trauer,
Freude,
Neigung,
Abneigung,
Streben nach Besitz.
Wenn die sieben Gefühle eines sind,
Werden Leid und Liebe gleich.
Wenn Leid und Liebe eines sind,
Wird aus Liebe Mitgefühl.

無慈悲則生命不生。
無慈悲則復元不生。
無慈悲則無豐盛的晚年。
無慈悲亦無再生。

Ohne Mitgefühl keine Geburt.
Ohne Mitgefühl keine Genesung.
Ohne Mitgefühl keine Erfüllung im Alter.
Ohne Mitgefühl keine Wiedergeburt.

染情一体

222

Geliebter Freund

鍾情者

愛己所不欲，
但不愛己所欲。

Schätze, was Du geringschätzt.
Aber schätz den Hochmut in der Liebe gering.

鍾情者

愛鍾情者如友人。
愛友人如鍾情者。

Liebe den Geliebten
Wie einen Freund.
Und liebe den Freund
Wie einen Geliebten.

鍾情者

江河注之汪洋、
但江河之水
卻不会使汪洋氾濫。

Der Fluß eilt zur vollen See.
Er wird sie niemals überfluten.

鍾情者

永遠

美是不可見的。

Schönes
Schläft
Im Schatten.

永遠

萬物如沙塵，
現在存在的、
有一天將不再存在。
現在不存在的、
有一天將存在。
慈悲存在現在，
慈悲存在永遠。

Alles, was es gibt,
Wird einmal nicht mehr sein.
Alles, was es noch nicht gibt,
Wird einmal sein.
Das Mitgefühl kann warten.
Deshalb ist es immer.

永遠

「達到不朽之道爲何?」
「成大功立大業?」
「不。」
「再生?」
「不。」
「感受石頭之感受?」
「是。」

永遠

Wie erlangt man die Unsterblichkeit?
Durch große Taten?
Nein.
Durch Wiedergeburt?
Nein.
Unsterblichkeit erlangt man,
Wenn man fühlt,
Wie ein Stein zu fühlen vermag.

一笑置之

達無所欲
唯慈悲心。
欲無所成
唯慈悲心。

Nichts läßt sich erreichen
Außer dem großen Fühlen.

一笑置之

視人類、
一笑置之。
視世界、
一笑置之。
視过往、
一笑置之。
視未來、
一笑置之。
視現在、
一笑置之。
一笑置之、
悲憫之、
一笑置之。

Siehst Du die Menschen,
Lächle.
Siehst Du die Welt,
Lächle.
Siehst Du das Vergangene,
Lächle.
Siehst Du das Kommende,
Lächle.
Siehst Du das Gegenwärtige,
Lächle und lächle und liebe.

一笑置之

大方無隅。
大圓無心。
大勝無犒。
大名無声。
大悲無形。

Das große Feld
Hat keine Ecken.
Der große Kreis
Hat keine Mitte.
Im großen Gewinnen
Gibt es keinen Sieg.
Der große Ruhm
Trägt keinen Namen.
Das große Mitgefühl
Ist unsichtbar.

一笑置之

Das große Mitgefühl

大悲

大悲如逆流而行、
大愛如攀岩而上、
攀岩而上乃成就之道，
成就之道乃心中無欲；
無欲並非無念。

Das große Mitgefühl
Schwimmt gegen den Strom.
Liebe ist ewiges Bemühen.
Ewiges Bemühen
Schafft Erfolg.
Gut ist es, dieses zu vergessen.
Vergessen heißt nicht,
Nicht daran zu denken.

大悲

当愛人死去時，
鼓之、
舞之、
歌之、
蓋愛人已在自然循迴
之道中。

大悲

Stirbt Dein Liebster,
Schlage die Trommel.
Tanze und singe,
Weil Dein Liebster
Zurückkehrt
Zum Kreis.

圓是永遠敞開著的。

Der Kreis
Ist
Immer
Offen.

大悲

願天下有情人
皆成眷屬。
願天下美眷屬
生生世世為夫妻。

Möge das Universum
Voller Liebender
Sein.
Mögen die Liebenden
Immer
Wiederkehren.

大悲

Der Gustav Lübbe Verlag
ist ein Imprint der Verlagsgruppe Lübbe

Lektorat: Helmut Feller
Buchgestaltung: Axel Bertram, Berlin
Satz: Kremerdruck GmbH, Lindlar
Gesetzt aus der 11 Punkt Janson Text von Linotype-Hell
Reproduktion: Auer Reprotechnik, Krefeld
Druck und Einband: Clausen & Bosse, Leck

Printed in Germany
ISBN 3-7857-0897-1

3 2